OMBRES JAPONAISES

CES ÉTUDES

ONT PARU EN 1904 :

Dans " *L'Eclaireur* ", de Dieppe ;
» " *Le Journal de Falaise* " ;
» " *Le Nouvelliste* ", d'Avranches ;
» " *Le Lexovien* ", de Lisieux ;
» " *Le Granvillais* ", de Granville ;
» " *Le Petit Thiernois* ", de Thiers ;
» " *L'Impartial* ", des Andelys ;
» " *Le Réveil du Tarn* ",
etc., etc., etc.

Raymond BAZIN

Ombres Japonaises

DIEPPE

IMPRIMERIE DIEPPOISE

DIRECTEUR : ED. DEQUEN

194, GRANDE-RUE

1904

I

Origines des Japonais

Ouvrez le dictionnaire Larousse au mot *Japon*, vous y lisez que c'est un empire insulaire de l'Asie Orientale qui se compose de quatre grandes îles et d'un grand nombre de dépendances ; vous apprenez encore que le sol de ce pays est montagneux et volcanique, que les côtes sont découpées et les rivières torrentueuses.

Le dictionnaire cité plus haut ajoute que les chroniques nationales ne permettent pas de reconstituer l'histoire authentique du Japon.

Les Japonais ont dû pourtant commencer leur empire à une époque quelconque de l'histoire universelle et, quoique cette époque soit très confuse, il est fort intéressant de tenter d'en débrouiller quelques parcelles.

C'est pourquoi l'auteur de ces chroniquettes s'est livré à de patientes recherches pour tirer quelque peu de l'obscurité les débuts de ce petit peuple et le faire mieux connaître au public en l'initiant à son histoire, à ses coutumes, à sa vie enfin.

Diverses opinions, dignes d'être respectées, ont été émises au sujet de l'origine des Japonais ; un navigateur hollandais, Jan Huigen Linschooten, né en 1563 mort en 1611, donne une curieuse version que plusieurs géographes ont adoptée ; il raconte qu'une conspiration ayant été découverte jadis en Chine, contre la vie de l'empereur, celui-ci ordonna de mettre à mort tous les conjurés, mais leur nombre était si grand que les bourreaux ne purent achever leur besogne ; les survivants virent leur arrêt de mort transformé par l'empereur en bannissement perpétuel ; ils furent alors transportés avec leurs familles dans des îles désertes et incultes (formant maintenant le Japon) qu'ils peuplèrent et transformèrent.

Ce furent, d'après ce navigateur, les ancêtres des Japonais d'aujourd'hui.

Quelques écrivains qui se sont occupés de l'histoire et des mœurs du Japon ne semblent pas ajouter beaucoup de créance à cette version de Linschooten, car ce dernier n'a pas indiqué, disent-ils, la source où il a puisé ces renseignements ; la fameuse conspiration chinoise n'est relatée ni dans les annales de la Chine, ni dans celles du Japon ; ce qu'il y a de certain dans l'origine des Japonais, c'est que ce fut le prince Zinmou-Tennô (660 à 585 avant Jésus-Christ) qui conquit l'île de Nippon, habitée par la tribu sauvage des Aïnos ; c'est sur ce fait que se basent les historiens, car les Japonais ne connaissaient pas l'écriture et il est fort difficile de s'appuyer sur la seule transmission de bouche en bouche d'une série de faits historiques reposant uniquement sur des légendes populaires.

Il est question dans les œuvres de quelques historiens japonais d'une émigration chinoise, mais elle est relatée d'une manière toute différente et plus amusante ; un empereur chinois, nommé Sikouo, redouté de ses sujets pour sa cruauté, avait une peur terrible de mourir et il tremblait en pensant qu'il devait un jour abandonner les richesses et les honneurs pour aller rejoindre ses ancêtres dans l'inconnu ; il promit donc de magnifiques récompenses à ceux qui trouveraient le moyen d'empêcher la mort de l'atteindre et envoya des savants de son empire dans les plus lointaines contrées pour résoudre ce problème !

Siou-Fou, médecin de la cour, qui craignait toujours pour sa vie et ne sentait pas sa tête bien solide sur ses épaules, à cause du caractère cruel de son souverain, cherchait depuis longtemps le moyen de s'éloigner d'un maître aussi redoutable ; il encouragea donc chez Sikouo les idées qu'il préconisait si fort.

Il fit croire au souverain chinois que les plantes pouvant composer le fameux remède devaient se trouver dans les îles du Japon, mais que ces plantes, pour ne pas perdre leur vertu, devaient être cueillies par des mains chastes et pures.

L'empereur consentit à confier trois cents jeunes garçons et autant de jeunes filles de constitution saine et robuste au rusé médecin, qui lui promit de revenir bientôt avec le remède tant désiré. Sikouo se chargea d'équiper et de faire partir lui-même l'expédition et Siou-Fou alla s'établir au Japon avec ses compagnons, mais.... il ne retourna jamais en Chine ! Sikouo avait été joué comme un enfant.

Les auteurs de l'*Encyclopédie japonaise* déclarent que cette histoire est une fable, pourtant la tradition populaire au Japon indique l'endroit du pays où débarqua le médecin chinois, celui où il s'établit et les pierres du temple qui fut élevé en son honneur.

Plusieurs historiens japonais, au contraire, acceptent cette tradition, mais ils ne disent pas pour cela que les Chinois sont les fondateurs de leur empire ; ils racontent que Siou-Fou aborda dans leurs îles sous le règne de Koken, huitième souverain de leur nation, qui était dans la septième année de son règne ; cela se passait selon leur version dans la deux cent-dixième année avant Jésus-Christ.

Il est certain que ce furent les Chinois qui furent les initiateurs des premiers Japonais auxquels ils apprirent leur écriture vers la seconde moitié du IIIe siècle de notre ère.

D'autres historiens qui ont étudié et comparé divers idiomes, déclarent de la facon la plus catégorique que les Japonais ne descendent pas et ne peuvent pas descendre des Chinois ; ils ont été instruits par eux, accordent-ils, mais ils ne descendent pas d'eux.

Les langues chinoise et japonaise, ajoute l'un d'eux, ont si peu d'analogie, quoique voisines l'une de l'autre, que les deux nations, surtout dans les classes inférieures, ne sauraient se comprendre sans le secours d'un interprète ; la différence se révèle aussi entre les deux langues comme construction et manière d'écrire, car les caractères dont les Chinois et les Japonais se servent n'ont aucune ressemblance et la prononciation est également différente dans les deux langues.

Un voyageur hollandais du XVIIe siècle voulant expliquer l'origine des Japonais, raconte gravement qu'elle remonte... à la Tour de Babel et que les dits Japonais faisaient partie de cette fameuse réunion d'hommes qui tentèrent de s'élever jusqu'au ciel et furent dispersés par Dieu en punition de leur orgueil.

Notre historien d'occasion, fort embarrassé, trouva ainsi la solution de ce grave problème !

Comme on peut s'en rendre compte, l'origine des Japonais est très incertaine et ceux-ci, dans leur exagération, la font remonter à plusieurs millions d'années !

La noblesse de leurs empereurs, lesquels d'après eux descendent des Dieux, prend naissance au commencement de toutes choses.

La mythologie des Japonais est excessivement curieuse et leur ancienne religion a beaucoup d'analogie avec celle des Juifs ; d'après les traditions indigènes, il y est question de la création du monde et de l'Etre suprême « qui trône au milieu du Ciel ».

Dans leur histoire des Dieux, on rencontre d'abord *la grande Déesse du Soleil* qui régna deux cent cinquante ans avec la *Lune divine*, puis *quatre Dieux* qui régnèrent pendant un temps plus considérable encore; le dernier qui avait pour épouse la fille du *grand Dragon*, eut d'elle quatre fils dont le plus jeune fut surnommé *le Seigneur du pays étroit ;* c'est cet enfant, que le père avait choisi pour lui succéder de préférence à ses trois frères, qui fut désigné après sa mort dans les annales du Japon sous le nom de *Zenmou* ou *Zinmou* dont il a été déjà parlé au début de cet ouvrage.

Zenmou, fils des Dieux, fit la conquête des pays voisins de son domaine et s'empara successivement des îles formant l'archipel japonais (an 660 avant Jésus-Christ).

Ce prince mourut à l'âge de 127 ans et ses sujets lui donnèrent après sa mort le titre de *Mikado*, sous lequel les empereurs japonais règnent encore de nos jours ;

l'histoire authentique du Japon ne commence donc véritablement qu'à cet empereur, c'est à dater de Zenmou qu'elle se suit avec ordre et qu'il est possible de coordonner la succession des souverains qui régnèrent depuis ce monarque.

D'après les Japonais, leur archipel forme la partie la plus ancienne de la terre et le récit qu'ils font de sa création est fort intéressant :

Le dieu *Izanagi* dit un jour à *Izanami*, son épouse, qu'il lui fallait une terre habitable ; comme il voulait la trouver dans les ondes qui s'agitaient sous leurs pieds, il plongea sa lance enrichie de pierreries dans la mer et remua les flots ; des gouttes fangeuses qui tombèrent de la lance d'*Izanagi* formèrent une première île sur laquelle le couple descendit, puis ils créèrent les autres îles de l'empire....

II

Découverte du Japon

La découverte du Japon par les Européens est aussi controversée que ses origines ; quelques historiens parlent de l'année 1543, d'autres citent 1548, d'autres encore 1535 ; un savant espagnol, Diego de Conto, historiographe de Philippe II, roi d'Espagne et de Portugal, attribue la découverte du Japon à Pinto et à ses deux compagnons Zeimolo et Borallo ; l'historien allemand, Christophe Arnold, confirme cette assertion dans un ouvrage publié à Nuremberg en 1672, et dans les annales du Japon, plusieurs passages concordent parfaitement avec ces renseignements.

Il est donc hors de doute qu'il faut attribuer la découverte du Japon aux Portugais qui introduisirent dans ce pays les premières marchandises européennes et en retirèrent d'immenses profits.

Peu après les Portugais, les Espagnols allèrent aussi au Japon, mais ils se présentèrent d'abord dans le pays sous le nom de leurs voisins en cachant aux habitants leur véritable nationalité ; c'était l'époque où les Espagnols et les Hollandais se faisaient la guerre aussi bien en Amérique et dans les Indes qu'en Europe, (1611).

Mais bientôt l'Espagne ayant envoyé un ambassadeur au Japon, ce dernier voulut éblouir la Cour et fit son entrée dans la capitale avec des costumes, pour lui et sa suite, d'une richesse incomparable.

L'envoyé de Philippe II qui avait mission d'obtenir du Mikado de grands avantages pour ses compatriotes,et au besoin, l'expulsion d'éléments étrangers qui gênaient l'influence espagnole, porta ombrage aux Japonais et l'ambassade ne fut pas reçue.

Les Hollandais, peu de temps après les Portugais, créèrent au Japon un établissement commercial et un Anglais, William Adams, qui ét it venu dans ces îles avec les Hollandais, gagna bientôt la confiance de l'empereur Iyéyas qui voulut le retenir auprès de lui et lui donner l'autorisation de faire du commerce dans ses Etats ; les Anglais, appelés par leur compatriote, s'établirent à Firato (1613).

C'est aussi vers cette époque que pénétrèrent au Japon les Jésuites qui baptisèrent et convertirent à la religion catholique un certain nombre d'habitants du pays ; Miako, capitale spirituelle du Japon, devint le centre de ralliement des missionnaires qui rayonnèrent alors dans tout l'empire.

Saint François-Xavier, jésuite espagnol, surnommé l'*apôtre des Indes*, fut un des missionnaires qui alla évangéliser le Japon en 1549, sur les vives instances d'un Japonais converti, nommé Han-Siro, qui prit le nom de Paul de Santa-Fé.

Saint François-Xavier débarqua le 15 Août 1549 dans le port de Cangoxima et fit de nombreuses conversions dans le pays ; les Japonais appelèrent bientôt l'apôtre et ses compagnons les *Bonzes d'Europe*.

C'est à cette époque que le catholicisme fit des progrès considérables au Japon.

III

Les Religions au Japon

Le Christianisme aurait pu s'implanter définitivement au Japon et le pays se serait presque totalement converti à la religion chétienne, si les Espagnols et les Portugais, dont les premiers missionnaires réunirent autour d'eux de nombreux adeptes, n'avaient pas secondé les vues du gouvernement de Madrid, vues ambitieuses qui irritèrent et choquèrent profondément la Cour du Mikado.

Les empereurs poursuivirent alors avec rigueur les chrétiens et leur firent subir les tourments les plus atroces.

Le *Boudhisme,* le *Culte National* et l'*Ecole de Confucius* voilà les religions qu'on peut compter au Japon.

On sait que, d'après la doctrine de *Boudha,* les âme des hommes et des animaux sont immortelles ; l'âme aussitôt qu'elle est séparée du corps, reçoit sa récompense ou son châtiment et le séjour des bienheureux s'appelle : « *Le lieu des plaisirs éternels* ».

C'est en l'an 550 que fut introduite au Japon la première statue de *Boudha* et le Boudhisme que le Catholicisme avait fortement ébranlé avec Saint-François-Xavier, a conquis en quelques siècles plus de la moitié du peuple japonais.

La religion des *Kamis*, où le *Sinto,* a pour but principal le bonheur en ce monde et ses adeptes qui ont seulement une idée très imparfaite de l'immortalité de l'âme, ne s'inquiètent nullement d'une vie future ; les *Sintoïstes* croient en un Etre suprême qui habite au haut des Cieux et en quelques Dieux subalternes qu'ils placent dans les astres.

Ces adeptes de cette secte déifient leurs empereurs et leurs grands hommes après leur mort et ceux-ci prennent le titre de Kami. *Zenmou* fut le premier souverain déifié par les Sintoïstes.

Quelques religieux de cette secte ont une singulière

façon de guérir les malades ; ils leur font écrire leur maladie et fabriquent alors avec le papier, des pilules qu'ils leur ordonnent d'avaler en prononçant auprès d'eux des paroles étranges et en faisant des signes cabalistiques !

Le Confucéisme au Japon ne ressemble pas en tous points à la loi de Confucius reconnue par les Chinois ; les Japonais appellent cette philosophie religieuse *Siouto* (la voie des philosophes).

Un philosophe japonais a dit que cette doctrine pouvait se réduire à cinq préceptes qui s'expriment ainsi :

Dsin, Gi, Ré, Tsi, Sin.

Ces consonnances bizarres, qui ne révèlent rien au lecteur, veulent dire ceci : « Vivre vertueusement ; rendre justice à tout le monde ; être affable et poli ; propager et défendre les maximes d'un bon et sage gouvernement ; avoir la conscience pure et le cœur droit ».

Les *Sioutistes* furent même accusés par les empereurs du Japon, de favoriser la propagande des missionnaires catholiques et on les obligea à mettre dans leurs demeures, bien ostensiblement, l'image de l'un des Dieux adorés dans le pays. Les Disciples du Confucéisme, réduits à l'impuissance, virent alors leur nombre diminuer de jour en jour par la rigueur des édits dirigés contre eux.

IV

Caractère des Japonais

Les Japonais sont braves, très actifs et fort intelligents; ils sont respectueux des ordres de leurs chefs et leur obéissent aveuglément ; ils savent tirer du sol de leur pays la plupart des produits qui doivent suffire à leurs besoins ; curieux et imitateurs, ils copient tout ce qu'ils voient et profitent habilement de ce don d'observation, inné chez eux.

Les Japonais ont copié notre régime parlementaire, nos écoles, nos tribunaux; ils ont copié les armées et les marines européennes, ainsi que les modes du Vieux-Continent ; ils ont installé des tramways à Tokio ; ils ont créé un service de voirie dans le royaume; du reste, que n'ont-ils pas fait après l'avoir copié, les petits Japonais !

Seulement, ils ont copié trop vite, comme des écoliers en retard pressés de faire leurs devoirs afin de rattraper les camarades.

Leur talent d'imitation est tellement connu que le lecteur lira avec plaisir une amusante aventure arrivée il y a quelques années au Japon à un Européen :

Le dit Européen (on ne dit pas que c'était un Français) ayant été invité à assister à un dîner chez un notable japonais, constata en rentrant à son logis que son habit avait été décoré pendant le repas, d'une magnifique tâche d'huile !

L'Européen qui n'avait apporté dans ses bagages qu'un seul complet de cérémonie était très perplexe ; on lui conseilla de confier à un tailleur local la confection d'un nouvel habit en lui assurant que s'il donnait le vêtement détérioré comme modèle, l'artiste japonais reproduirait exactement le vêtement en question.

Le Conseil fut écouté et notre Européen porta son habit chez le tailleur qui se mit aussitôt à l'ouvrage ; quelques jours après, ce dernier apportait triomphalement à son nouveau client le chef-d'œuvre promis ; l'habit était parfait..... mais la tâche d'huile était, hélas ! fidèlement reproduite et le tailleur demanda quelques piastres en plus pour ce supplément de travail !

Aussi, le client fit-il une tête... mais l'histoire ne dit pas s'il accepta le vêtement si scrupuleusement imité !

Saint-François Xavier a toujours parlé des Japonais en termes élogieux et il a dit d'eux cette phrase qui résume bien ses impressions sur ce peuple : « Je ne saurais finir « lorsque je parle des Japonais ; ils sont véritablement « les délices de mon cœur.»

Du reste, les étrangers qui ont eu des rapports avec les Japonais sont unanimes à déclarer qu'ils sont polis, adroits et spirituels.

V

Le climat au Japon

Lorsqu'un Japonais parle de son pays, il se vante que le climat y est très agréable ; il résulte de cette assertion que chaque homme a toujours une tendance à exalter le pays où il est né.

En effet, le temps est inconstant au Japon et on y remarque au contraire de fréquents changements de température ; en hiver, il gèle beaucoup et la neige y fait souvent son apparition ; en été, la chaleur y est très forte et durant les jours caniculaires, elle devient insupportable.

En outre, il pleut souvent au Japon et les orages y sont fréquents, aussi dans les mers qui entourent le pays, la navigation est-elle très périlleuse, les côtes étant environnées de rochers, de bas-fonds et d'écueils de toutes sortes.

On remarque aussi dans la mer, des trombes d'eau qui s'approchent des côtes et s'élèvent violemment dans les airs ; les Japonais appellent ces phénomènes *Totsmacki* ou *Dragons jaillissants.*

Les tremblements de terre sont très fréquents au Japon, mais les habitants du pays, habitués à ces phénomènes, qui en Europe nous effrayent si fort, n'y prêtent aucune attention ; quelques-uns disent que la cause doit en être attribuée à une grosse baleine qui se traîne sous la terre...

Il y eût en 1586, un terrible tremblement de terre qui dura quarante jours d'aprés la narration du pére Louis de Froes et fit d'affreux ravages ; des villes entières furent détruites.

Dix ans après, le même phénomène se produisit encore ; plus tard, en 1703, un violent incendie éclata à Yédo et un nouveau tremblement de terre augmenta l'étendue du désastre ; la ville fut réduite en cendres et 200.000 habitants périrent sous les ruines.

Quelques îles pourtant ont été épargnées par les tremblements de terre et les Japonais attribuent cette exception à la sainteté de ces lieux, placés sous la protection de quelque génie ou Dieu tutélaire.

Le Japon est montagneux et les îles sont traversées par une série de volcans en activité ou éteints ; de 1834 à 1854, des victimes ont péri par milliers ; des typhons se joignent parfois aux tremblements de terre et dévastent alors des contrées entières.

On rencontre également un certain nombre de fontaines chaudes auxquelles les Nippons ont recours pour guérir des maladies.

Un voyageur a remarqué que dans certaines contrées de l'Asie, les naturels du pays ne prennent des bains chauds que pendant quelques jours ; comme ils éprouvent du soulagement, ils se figurent qu'ils sont guéris et ne continuent plus leur régime ; s'il leur arrive alors une rechute, ils rejettent la faute sur la qualité des eaux qu'ils ont prises, ne comprenant pas que s'ils avaient persévéré, ils auraient pu être guéris complètement !

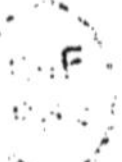

VI

Les animaux au Japon

Parmi les animaux domestiques qu'on rencontre le plus fréquemment au Japon, il y a lieu de citer d'abord le cheval, petit en général, mais remarquable comme beauté, vitesse et adresse, puis le bœuf et la vache, qui ne servent que pour les charrois et le labourage ; on y voit peu de pourceaux.

Les chiens sont très respectés au Japon ; un empereur ordonna un jour d'entretenir dans chaque quartier un certain nombre de ces animaux et de leur donner leur nourriture ; lorsqu'ils meurent, on les porte sur le sommet des montagnes et on les y enterre ; des peines sévères sont édictées contre ceux qui les insultent ou les maltraitent et c'est un crime que de les tuer.

Les chats sont d'une grande beauté et se plaisent à être portés et caressés, surtout par les femmes, mais ils n'aiment pas à chasser les souris, car il y a aussi de ces petits rongeurs au Japon et les rats y pullulent ; les habitants apprivoisent ces derniers et les tours qu'ils leur apprennent sont très goûtés par le peuple.

Au nombre des animaux sauvages, on trouve au Japon le daim, le lièvre, le sanglier, le renard, ainsi que le singe et l'ours, mais ces deux derniers en très petit nombre ; il y a également une espèce de chien sauvage, très adroite à prendre le poisson et la volaille ; cet animal s'appelle *l'itutz ; le tin,* de même espèce est plus gros; il n'y a au Japon, ni lions, ni tigres, ni panthères.

On rencontre, parmi les insectes, une petite fourmi blanche, petit ver délié et très blanc, à tête brune, qui ressemble beaucoup à la fourmi d'Europe comme grosseur et comme figure ; les Japonais l'appellent *Do Toos* (perceur) ; le lézard diffère très peu de celui d'Occident ; les serpents sont peu nombreux.

On voit également le *Mukodde*, sorte de millepieds dont le nombre est restreint et dont la morsure se guérit avec de la salive.

Les oiseaux domestiques, le coq, la poule, le canard qui existent au Japon sont épargnés par les habitants qui n'en mangent que rarement et les coqs surtout y sont conservés avec soin.

La grue, le héron, l'oie, le faisan, la bécassine, la cigogne, l'épervier, le faucon, le corbeau, la mouette, l'alouette, le rossignol sont très répandus au Japon.

Les papillons y sont d'une réelle beauté ; on y rencontre le papillon de montagne, aux ailes fourchues ; le *komuri*, mouche de nuit velue et tachetée de diverses couleurs ; on y voit aussi de superbes escarbots, sorte de scarabée à corne de rhinocéros, au corps noir et luisant.

Comme on a pu le voir, les animaux sont nombreux au Japon et beaucoup ressemblent à ceux que nous voyons tous les jours en Europe.

VII

Les poissons au Japon

Après les animaux, parlons un peu des poissons très nombreux dans les mers qui environnent le Japon, dans lesquelles on rencontre aussi beaucoup d'écrevisses et de coquillages, ainsi que des plantes marines en abondance.

Les Japonais comprennent sous le nom de wokai, les poissons, les écrevisses et les coquillages.

On pêche la baleine, appelée *Kudsuri* autour du Japon et particulièrement dans la mer de Khumano ; les marins se servent du harpon, comme les pêcheurs du Groënland ; vers 1680, un riche habitant de la province d'Omura, nommé Gitaijo, inventa pour prendre les baleines, un filet dont les cordes avaient deux pouces d'épaisseur environ ; cette méthode, qui paraissait avantageuse par suite de l'embarras dans lequel se trouvait la baleine emprisonnée dans le filet, ne nageait plus qu'avec peine et était plus facilement prise, ne fut pas longtemps suivie par les Japonais, car cette façon de pêcher était plus couteuse que la première et ils l'abandonnèrent ; il y a plusieurs sortes de baleines appelées de noms divers le *Sebio*, ou grosse baleine, le *Kokadsura*, petite baleine grise ou cendrée, le *Nagass* qui demeure deux ou trois heures sous l'eau sans respirer, le *Sotookadsura*, le *Mako*, et l'*Ivvasikura* (mangeur de sardines).

Le *Satsifoko*, poisson qui a deux dents très longues s'élevant perpendiculairement en dehors de la bouche est l'ennemi de la baleine ; très rusé, il s'introduit dans la bouche de ce poisson et lui dévore la langue.

L'*Iruku*, appelé dans les Indes Tenije et le *Furube* (souffleur) se rencontrent aussi dans les mers du Japon ; ce dernier s'enfle et prend quelquefois la forme d'une boule ; le cheval marin ou chien marin que les Allemands appellent wasserbauch est un poisson qui a la longueur d'un enfant de dix ans ; il n'a ni écailles, ni nageoires, les dents minces et aigües comme celles du serpent et porte sous le ventre deux pieds plats avec des doigts ; ce poisson se pêche dans le golfe de Yédo.

Le *Tai* est regardé par les Japonais comme le roi des poissons ; il est très rare, a la forme d'une carpe, il est bigarré de rouge et de blanc ; le *Funa* ressemble à la carpe ainsi que le *Koi* ; il y a aussi une très grande variété d'autres poissons aux noms bizarres qui ressemblent à nos poissons d'Europe,tels que le *Maad* ou saumon, qu'on pêche dans les rivières ; le Kamas (brochet), le *Takosame* (raie) ; le Jesje est un poisson qui porte un aiguillon à corne ou d'os au bout de la queue ; le *Come* (sole), le *Bora*, autre genre de brochet,le *Tura*, espèce de morue qui se pêche dans le nord, le Tobiwo, poisson volant, l'Iwas (la sardine),le Kissugo (l'éperlan); le saba est un maquereau, le Sijroivoo, une espèce de hareng, le Kingjs (poisson doré) ; il y a plusieurs sortes d'anguilles et de polypes.

On rencontre une tortue appelée Mooke qui vit dans l'eau et que les Japonais regardent comme un emblème de bonheur ; plusieurs espèces d'écrevisses se trouvent aussi au Japon ainsi qu'une grande variété de moules, d'huîtres et de coquillages dont il serait trop aride de donner la nomenclature.

VIII

Les produits du sol au Japon

Les pluies abondantes et le climat tempéré du Japon donnent à la flore de ce pays une vigueur extraordinaire et une richesse incomparable ; des arbres énormes couvrent les montagnes et les chênes atteignent une hauteur prodigieuse ; on compte au Japon près de quarante sortes de pins ; il y a des cèdres d'une espèce magnifique et on emploie pour la construction des navires et des meubles le *keaki* et l'*ioussious*, à cause de leur durée et de leurs qualités de résistance.

On trouve aussi le bambou, le mûrier, la canne à sucre, l'arbuste à thé, le noyer, le châtaignier, le marronnier, l'oranger, le caquier, le citronnier, le pommier, le cerisier, le poirier et d'énormes magnoliers ; l'île de Yeddo est couverte de magnifiques forêts.

Le sol du Japon produit en abondance le riz, qui est la nourriture ordinaire des habitants, le sagou, l'orge, le seigle, le froment, l'igname, les pois, les haricots, le navet, la carotte, la laitue, le poivre noir, le thé, le coton, la soie provenant du bombyx du chêne, l'indigo, le curcuma, l'indigotier, le camphre, le chanvre, le tabac, le sucre, le mûrier à papier, la cire végétale, qui est la plus belle du monde.

On récolte aussi les figues, les oranges, les cocos, les nèfles, le coing, les pêches, les abricots, les marrons, la pomme de terre, la citrouille, les champignons ; le raisin est le meilleur fruit du Japon.

Les Japonais sont des agriculteurs excellents ; en jardiniers habiles, ils savent utiliser avec soin tout ce qui peut servir d'engrais pour les divers genres de culture.

Le sol du Japon fournit de l'or, de l'argent, du cuivre, ainsi que de la houille, du fer, de l'étain, du plomb, du pétrole, du mercure, de l'antimoine, de l'arsenic.

On peut citer les gisements aurifères de l'île de Sado, les mines de cuivre d'Osara-Sava, les houillères d'Yéso, d'Amakusa, de Karatsu ; le fer est extrait du sol en abondance.

Dans presque toutes les provinces, on rencontre des exploitations de granit, de porphyre, de pierre de taille et une variété de pierres tendres qui servent aux constructions ; on trouve également au Japon l'agate, la cornaline, le jaspe et le grenat, ainsi que des cristaux de roche qui ont été longtemps très réputés pour leur pureté et leur grandeur.

Avec une telle richesse du sol, il n'est pas étonnant que le Japon se soit si longtemps suffi à lui-même et ne se soit ouvert que fort tard à la curiosité des nations civilisées.

IX

Le Commerce et l'Industrie au Japon

Le Japonais, qui a un goût prononcé pour l'industrie et les arts est peu porté au commerce ; le pays longtemps fermé aux navigateurs européens, ouvrit ses ports en 1854 et c'est à cette époque seulement que le commerce intérieur augmenta dans de sensibles proportions.

Dans le port de Nagasaki, il n'y eut, pendant de longues années que les Chinois, les Coréens, les Portugais et les Hollandais qui purent y pénétrer.

Les importations, qui atteignirent vers 1890 plus de 420 millions de francs, consistent en métaux, armes, cotonnades anglaises et américaines, sucre, riz, huiles ; les exportations, qui se chiffrèrent vers la même époque par 300 millions se composent principalement de houille, tabac, soies, thés, camphre, cire végétale ; l'Angleterre qui avait jadis le monopole au Japon pour les relations maritimes a été supplantée par l'Allemagne depuis quelques années.

L'industrie japonaise est renommée pour son bon goût et son excellente fabrication ; les soieries de Tokio, les velours de Kioto, les laques, les bronzes aux ciselures merveilleuses, les porcelaines, les émaux, les armes, les éventails, les écrans, les papiers fabriqués avec l'aubier du mûrier, sont très renommés et universellement estimés.

Les manufactures de papier les plus importantes sont installées à Kioto, Ozaka et Tokio ; on y fabrique même des serviettes et des mouchoirs dont la souplesse est remarquable ainsi que la douceur et la résistance.

Le peuple japonais s'attache à imiter les produits de nos manufactures européennes et les industriels produisent couramment les articles de guerre, tels que canons, fusils, armes blanches, ainsi que des objets de précision comme les montres, les horloges, les baromètres et les thermomètres ; les sabres japonais ont été longtemps célèbres.

De grandes foires facilitent le commerce intérieur ainsi que des routes bien entretenues et quelques lignes de chemins de fer ; de nombreux phares éclairent les côtes japonaises qui présentent de grandes facilités pour le cabotage.

Le Japon qui, depuis 1868, s'est attaché à copier la vieille Europe, a réussi à se placer à la tête des nations asiatiques.

X

La Littérature au Japon

La littérature japonaise est sans contredit une des plus riches de l'Asie, mais il est difficile de déterminer exactement l'âge des premiers monuments de cette littérature.

Le *Kojiki*, l'ouvrage historique le plus ancien du Japon, est écrit en caractères chinois (711 après Jésus-Christ) ; il y a aussi le *Kojikiden* qui est un commentaire du précédent ; le *Nihonji*, achevé en 720 sur un ordre du mikado, a toujours été beaucoup plus lu que le *Kojiki*.

Il existe d'autres histoires primitives écrites vers 797, 841, 869, 879 et 901 ; elles sont désignées sous le titre général de Rikkokushi (six souvenirs nationaux). L'histoire des mikados depuis 884 jusqu'en 1028, le *Dai-Nihonshi* en 100 volumes, achevé en 1715, qui ne fut imprimé qu'en 1851, le *Nihon-Guaishi* et le *Seiki*, écrits en langue chinoise (1780-1833) sont les principaux ouvrages historiques parus jusqu'à nos jours.

La plupart des ouvrages secondaires, portant des noms plus barbares encore que ceux cités plus haut, relatent les évènements qui se sont passés d'une date à une autre, soit à la Cour, soit dans telle ou telle contrée.

De nombreux livres se rapportant aux lois du pays existent également au Japon, ainsi que des ouvrages sur la généalogie, car les Japonais attachent une grande importance aux lignées ; le livre le plus ancien appelé *Shinsen-Shoje-Roku* a été fait vers 815.

La poésie n'a pas dépassé au Japon les formes les plus élémentaires et cette soi-disant poésie consiste à composer des chants de cinq lignes de 31 syllabes appelés *uta*, dont les jeux de mots surtout, depuis le VIIIe siècle, sont la partie la plus importante. *L'anthologie japonaise* de Léon de Rosny (1870) jette une vive lumière sur les différentes espèces de poésies japonaises.

Le plus ancien roman japonais est le *Taketori Monogatari*, attribué à Minamoto (911) auquel on donne aussi la paternité d'une collection de 14 contes réunis en

20 volumes ; il existe de nombreux ouvrages, collection d'histoires indiennes, chinoises et une série de petits livres appelés *Soshi* ou mélanges, dont les commentaires sont nombreux.

On compte également des ouvrages descriptifs de diverses provinces et des ouvrages populaires illustrés ; le plus ancien dictionnaire paru en 20 livres est le *Wamio Ruijiu-sho* (911) ; d'autres ont paru en langue japonaise au XVIIe siècle, le premier en 1699 ; le plus important est le *Vakan Thiori*, de Tanigawa Shisei (XVIIIe siècle) ; il en est d'autres encore, le *Kogentei*, le *Jiou Kanadzukai*, un autre de Hirata en 4 volumes.

Il existe au Japon divers livres se rapportant aux religions et concernant le boudhisme et le shintoïsme, ces derniers sont en très grand nombre.

La littérature japonaise peut être divisée en quatre périodes ; la première s'étend jusqu'à la fin du IXe siècle aprés J.-C., c'est l'époque de la poésie et des ouvrages liturgiques ; la seconde du Xe au XIIIe siècle, c'est l'âge de la prose classique ; la troisième comprend les XIVe, XVe et XVIe siècles ; enfin la quatrième commence au XVIIe siècle où s'ouvre l'ère de l'instruction générale.

L'imprimerie fut introduite au Japon au XIIIe siècle.

Le journal le plus ancien est celui composé par la poétesse Murasaki ; un autre, le *Hojoki* (XIIIe siècle), contient le récit des grands événements qui révolutionnèrent le pays à cette époque ; il paraît que les journaux les plus lus au Japon sont ceux qui recherchent les affaires à scandales ; plus la chose fait de bruit, plus le tirage augmente ; c'est absolument comme en France !

XI

Les Arts au Japon

Les arts en général sont plus avancés au Japon qu'en Chine ; les Japonais aiment la peinture et de nombreux amateurs s'occupent à réunir des collections de tableaux ; les artistes ignorent la perspective et les lois de l'anatomie et s'attachent surtout à imiter les vêtements des modèles qui posent devant eux, se souciant fort peu de la ressemblance ; ils réussissent mieux à reproduire les fleurs et les oiseaux ; ce qui caractérise surtout les œuvres des peintres japonais, c'est le fini délicat apporté par eux dans l'exécution de leurs tableaux ; si les Japonais comme du reste les Chinois sont de pauvres dessinateurs, ce sont en revanche d'excellents copistes ; très habiles dans l'emploi de la gouache, ils tirent leurs couleurs des minéraux et des végétaux et obtiennent des teintes plus brillantes et bien plus belles que les nôtres.

On sait que les Japonais sont les premiers décorateurs du monde et leurs porcelaines émaillées, leurs superbes estampes en couleur, font de la maison japonaise un intérieur gracieux qui charme à la fois l'esprit et les sens.

La sculpture est loin d'égaler la peinture au Japon et les meilleurs ouvrages consacrés à cet art donnent peu de détails, si ce n'est çà et là quelques mentions élogieuses sur la sculpture ornementale ; mais les artistes japonais fondent de belles statues et de jolis vases et les cloches se font remarquer par leurs riches bas-reliefs ; ces cloches n'ont pas de battant et se frappent à l'extérieur comme en Chine avec une pièce de bois suspendue horizontalement.

En architecture, l'étude des monuments permet de supposer que leur construction ne repose pas sur une théorie scientifique, sur des règles bien établies ; cette construction résulte plutôt des divers ordres donnés par la police impériale à certaines époques.

Le mode d'édification des temples appartenant aux religions semble indiquer pourtant un ordre d'architecture particulier appliqué aux monuments religieux et Siébold, en parlant d'une chapelle construite près du tronc d'un camphrier gigantesque, désigne cet édifice comme étant de l'*ordre d'architecture mixte de ryô bou sintô.*

Le Japon, fermé aux Européens jusqu'à la révolution de 1868, était resté la terre mystérieure et on n'avait, avant cette époque, aucun témoignage de l'art japonais proprement dit ; c'est depuis cette date que le Vieux Monde a pu se rendre compte de la vive intelligence et du talent naturel de ce petit peuple.

Les Japonais aiment beaucoup la musique ; ils ont des instruments à cordes, à percussion et à vent ; le *samishen*, guitare à trois cordes est très en honneur, le *biwa* ou guitare et le *Kotu* espèce de luth, sont les instruments les plus répandus avec le tambour, le tambourin, le fifre, la clarinette, le flageolet ; mais les airs que jouent les Japonais ne rappellent en rien notre musique occidentale ; les jeunes filles chantent en improvisant le plus souvent des airs et elles s'accompagnent sur le *samishen* ; les Japonais n'ont aucune idée de l'harmonie et ne sont pas plus avancés en mélodie ; pourtant ils semblent très satisfaits de la musique qu'ils font et c'est le principal !

La danse japonaise est de style oriental ; dans cette pantomime où les bras et le corps jouent le plus grand rôle, les pieds sont presque immobiles ; les femmes figurent seules dans ces danses et les hommes les regardent avec admiration.

Le bel ouvrage publié en 1900 par le gouvernement du Mikado a jeté une vive lumière sur les arts au Japon, lors de l'Exposition universelle de Paris.

XII

Les Jeux au Japon

Les jeux les plus en vogue au Japon sont les *échecs*, les *dames* et un jeu qui ressemble au *moro* des Italiens; il consiste à deviner combien on a abaissé de doigts dans un mouvement très rapide de la main ; ce n'est pas très spirituel, mais cela ne fait de mal à personne !

Le jeu des échecs est très répandu dans toutes les classes de la société, on l'appelle *shiyogi* ; l'échiquier comprend 81 cases ; il existe un autre jeu à combinaisons que les Japonais jouent avec de petites pierres sur un damier formé de 360 cases.

Les cartes et les dés se jouent dans les maisons clandestines seulement car ils sont prohibés par les décrets impériaux ; le tir à l'arc, le ballon, le volant, le jeu de paume, l'escrime figurent aussi au nombre des amusements des Japonais ; ils aiment pendant l'été à faire des parties de campagne ; les parties de bateau sont aussi très en honneur et sur les rivières, les lacs, on voit des embarcations gracieusement décorées qu'on illumine le soir avec des lanternes en papier peint aux chatoyantes couleurs ; alors des instruments se font entendre, jetant dans la nuit de douces mélopées.

Les riches Japonais engagent,pour divertir leurs invités, des musiciens de profession, des jongleurs, des grimaciers et des conteurs d'histoires ; ces derniers colportent surtout dans les salons les potins du voisinage qu'ils embellissent pour la plus grande joie de leurs auditeurs.

De cette façon,les Japonais évitent dans leurs réunions la banalité des conversations trop prolongées et les inconvénients de la musique qui pourrait être faite par des amateurs peu expérimentés.

XIII

Les Costumes au Japon

L'ancien costume japonais ressemble beaucoup à celui des Chinois ; il diffère, pour chaque classe de la société, dans les couleurs, la valeur et la finesse des étoffes qui servent à le confectionner ; les vêtements des classes élevées qui tendent de plus en plus à disparaître étaient en soie et ceux des classes inférieures en coton et en toile ; ils se composaient de plusieurs robes larges qui se portaient les unes sur les autres et qui étaient serrées à la taille par une ceinture ; les manches larges et longues tenaient lieu de poches.

Les robes des femmes sont plus brillantes que celles des hommes comme couleurs, et les chapeaux très larges abritent le Japonais de la pluie aussi bien qu'ils le préservent des chauds rayons du soleil.

Le costume européen se répand à présent dans toutes les classes de la société et le gouvernement force les fonctionnaires et les employés de l'Etat à le revêtir.

Les costumes militaires sont également copiés sur ceux des armées européennes ; le soldat japonais porte maintenant le pantalon bleu ou rouge, le dolman ou la tunique, le képi, le shako ou la casquette en usage dans les régiments des diverses puissances de l'ancien continent.

XIV

Monnaies et Décorations Japonaises

Un ouvrage japonais, intitulé : *Kingin dzu rokou*, ce qui veut dire : Mémoire et planches sur les monnaies d'or et d'argent, a été publié à Yèdo en 1822 ; ce livre contient un traité sur toutes les monnaies anciennes et modernes et décrit 550 espèces de monnaies dont une grande partie est figurée dans cet ouvrage.

La monnaie nouvelle de cuivre a été émise en 1874 et tous les anciens poinçons d'or et d'argent ont été changés ; il existe à Ozaka un hôtel des monnaies dirigé par des Anglais.

Les billets de banque sont émis par le gouvernement et les banques nationales ; la loi punit de mort le contrefacteur.

Voici quelques désignations de monnaies avec leur valeur : le *yen* en or vaut 5 francs 15 centimes environ; le *tempo* en cuivre, 15 centimes ; le *bou* en argent équivaut à 2 francs ; le *kobang* en or à 21 francs 50 centimes.

Le billet fort usité au Japon est fabriqué en carton épais et très solide ayant 14 centimètres sur 5.

Les décorations japonaises ont une origine très récente; l'ordre du *Soleil levant* fut créé en 1875 ; celui du *Chrysanthème*, réservé aux chefs d'Etats et aux personnages de sang royal, fut institué en 1876 ; c'est en 1888 que celui du *Trésor sacré* fut fondé et, en 1890, le Mikado créa l'ordre du *Cerf-Volant d'or*, réservé aux officiers.

L'impératrice Harouko a fondé, pour les femmes, l'ordre de la *Couronne*.

XV

Postes et Télégraphes Japonais

Le service postal a été organisé au Japon en 1876 et son fonctionnement n'a rien à envier aux services postaux européens ; c'est le premier Janvier 1879 que l'Empire est entré dans l'Union postale universelle ; en 1890, on comptait déjà près de 4.000 bureaux sur le territoire de l'empire.

La première ligne télégraphique a été ouverte en l'année 1869, et, en 1890, l'empire nippon avait plus de 300 bureaux télégraphiques.

Les Japonais se sont tenus constamment, depuis une vingtaine d'années, au courant des progrès de la vieille Europe, et les améliorations apportées par nous dans nos rapports journaliers ne leur sont pas restées étrangères ; ils en ont même su profiter très habilement.

XVI

L'instruction au Japon

L'instruction publique est très développée au Japon ; on y compte un très grand nombre d'écoles primaires où on apprend l'alphabet japonais ; le nombre des instituteurs étrangers tend à diminuer de plus en plus ; l'enseignement supérieur est donné dans les collèges et les lycées où l'on apprend la grammaire, les classiques chinois, la langue, les caractères chinois, etc.

Il existe aussi au Japon des écoles de droit, de médecine, de commerce, de peinture, de mécanique, d'agriculture, de pharmacie, de télégraphie.

Le Japon possède des pensionnats de jeunes filles analogues aux nôtres et des écoles supérieures où les jeunes filles nobles sont reçues.

Depuis 1864, les jeunes Japonais visitent les pays étrangers et un certain nombre se fixent comme étudiants principalement en France, en Angleterre et aux Etats-Unis.

Parmi les officiers japonais actuels, beaucoup ont été élevés en France et ont passé par l'école de Saint-Cyr ; ils ont conservé à leur retour dans leur pays une vive amitié pour la France.

Le système d'éducation appliqué dans les écoles est très curieux ; le professeur Oschima, dans une récente conférence faite par lui à Tokio, donne des renseignements intéressants sur les écoliers et leurs professeurs ; ainsi,on défend aux enfants de manger des animaux.... en pain d'épice ou en chocolat, pour qu'ils n'apprennent pas à être cruels envers les animaux véritables ; il est formellement interdit aux instituteurs de frapper les écoliers et, détail amusant, lorsqu'un maître commet une injustice, les élèves se mettent *en grève* et ne reviennent en classe que lorsque l'instituteur a fait amende honorable.

Les petits Japonais sont énergiques dès leur enfance, et certainement plus avancés que leurs petits camarades européens.....

XVII

Armée et Marine japonaises

Vers 1868, les soldats japonais étaient encore armés comme les Français du XVIe siècle ; l'empereur Moutsou-Hito a doté son pays d'une organisation militaire moderne et, en vertu de la loi du 28 Novembre 1872, complétée par celle du 21 janvier 1889, le service militaire est obligatoire pour tous les Japonais depuis l'âge de 17 ans ; les soldats passent trois années dans l'armée active ; puis quatre dans la réserve ; l'armée territoriale comprend tous les hommes de 23 à 40 ans qui ne sont pas sous les drapeaux.

Ce sont des officiers français qui ont été les instructeurs de l'armée japonaise et nos officiers d'artillerie ont dressé les plans des arsenaux de Tokio, d'Ozaka et d'Oji.

L'empire est divisé en plusieurs circonscriptions militaires et l'armée comprend treize divisions ; le corps des officiers japonais est excellent comme instruction et la discipline des troupes est parfaite.

C'est le Mikado qui est le chef suprême de l'armée japonaise ;puis, viennent après lui, le Conseil des maréchaux, le ministère de la guerre et l'état-major.

Le Japon est maintenant la première puissance maritime de l'Extrême-Orient ; les vieilles jonques qui préservaient jadis les côtes des incursions des pirates chinois ont été remplacées par une belle flotte composée de cuirassés, de croiseurs et de torpilleurs ; les Nippons n'ont donc plus rien à envier aux puissances européennes.

Ce sont les Anglais qui ont instruit leurs marins et les Français qui ont été les ingénieurs de leurs navires.

Si les premiers navires de guerre ont été construits à l'étranger, le Japon se suffit maintenant à lui-même ; dans ses arsenaux édifiés par les ingénieurs français, il construit tous ses vaisseaux ; le corps de ses officiers de marine est très instruit et ses marins fort bien disciplinés.

Les Japonais n'ont plus rien à apprendre de leurs instructeurs d'autrefois et profitent des leçons que les puissances occidentales leur ont données par leurs officiers les plus distingués et leurs ingénieurs les plus remarquables.

Le ministre de la marine est le chef de la flottte japonaise.

XVIII

Proverbes Japonais

Les proverbes japonais, dont un certain nombre ont été souvent reproduits par les journaux, sont remplis de bon sens ; la philosophie japonaise est ironique ainsi qu'on peut s'en rendre compte par les quelques exemples suivants :

— *Quand tu rêves à la beauté de ta voisine, n'oublie pas le bâton de ton voisin.*

— *Redoute également ta femme, ton cheval et ton fusil.*

L'Arabe conseille de ne jamais prêter son cheval, son fusil et sa femme ; le Japonais conseille de les redouter.

Voici d'autres proverbes et certainement des meilleurs qui montrent l'intelligence et le talent d'observation inné chez les Japonais :

— *Si tu as peur de la mort, n'écoute pas ton cœur dans la nuit.*

— *Ils me disent de jouir avant demain ; ce n'est pas demain que j'attends, c'est le bonheur.*

— *Les prunes et les amis, il faut les goûter jusqu'au noyau, avant de savoir s'ils sont bons, et alors, il est trop tard.*

— *Si vous voulez vous connaître, interrogez les autres.*

Et celui-ci qui aurait pu figurer dans le chapitre des religions :

— *Tout, jusqu'à la sardine, peut être l'objet d'un culte.*

Ou bien celui que voici :

— *Apprenez, en vous blessant, le mal qu'endurent les autres.*

Terminons ces quelques citations par ces deux jolis proverbes :

— *Il n'y a pas de professeur de poésie.*

— *Où vous vivez, là est la capitale.*

FIN

TABLE DES MATIÈRES

Imp. Dieppoise — Ed. Dequen, Dir.

www.ingramcontent.com/pod-product-compliance
Ingram Content Group UK Ltd.
Pitfield, Milton Keynes, MK11 3LW, UK
UKHW021043180726
13838UKWH00004B/1984